Gutes Geld verdienen mit deiner Internet-Goldmine

Reales Beispiel zeigt, wie Durchstarten ohne Vorwissen geht

MATTHIAS SCHWEHM

ISBN: 1497450403
ISBN-13: 978-1497450400

WIDMUNG

Dieses Buch widme ich dem wertvollsten Menschen in deinem Leben: DIR.

Trag hier den Namen dieses für dich so wertvollen Menschen ein, damit ein besonderer Höhenflug beginnen kann:

_____

Auf dass dir dieses Buch dabei helfen möge, deine Internet-Goldmine voll und ganz nach deinen Vorstellungen zu gestalten. :-)

Inhaltsverzeichnis

Mitten hinein

Kann es eine aufregendere Tätigkeit geben als die, von jedem beliebigen Flecken hier auf dieser Erde theoretisch beliebig viel Geld verdienen zu können – einen entsprechenden persönlichen Einsatz vorausgesetzt? Stell dir vor, deine Internet-Goldader sprudelt bei deinem Tequila in Mexiko genauso wie bei einem tropischen Cocktail auf deinem Segelkatamaran in der Südsee oder bei einem chilligen Kaffee an den Niagara-Fällen oder auf deiner Hochseejacht im indischen Ozean.

Deine Internet-Goldader wird 365-12-30-7-24-1440-60-1000 (Tage im Jahr – Monate im Jahr – Tage im Monat – Tage in der Woche – Stunden am Tag – Minuten am Tag – Sekunden in der Minute – Mikrosekunden in der Sekunde) lang Geld auf dein Konto schaufeln. Selbstverständlich auch an Feiertagen und während du Urlaub machst. Egal, ob du gerade sitzt, liegst, isst, schläfst, arbeitest oder sonst etwas tust. Von allen Ländern dieser Erde aus, in denen es das Internet gibt, wird dir DEIN Geld zuströmen.

Das hört sich für dich zu schön an, um wahr zu sein? Du hältst diese Veröffentlichung für einen weiteren der vielen Versuche, dir dein sauer verdientes Geld aus der Tasche zu ziehen? Dann solltest du deine Augen öffnen, um bei deinem nächsten Internetbesuch die vielen Millionäre (und natürlich auch die Milliardäre) hinter den Seiten zu entdecken, durch die du dich hindurchklickst.

So, solltest du jetzt immer noch nicht motiviert sein, etwas für deinen Geldbeutel zu tun, dann versenke diese Veröffentlichung im indischen Ozean, im Datennirwana oder sonst wo. Bleib einfach auf der Seite des Computers, auf der du andere reich klickst. Schließlich werden viele Millionen „Klicker" benötigt, damit auf der anderen Seite des Internets die noch relativ wenigen Menschen, die den Weg bereits gegangen sind, Tag für Tag um Hunderte, Tausende und in Einzelfällen sogar um Hunderttausende von Euro reicher werden. Pro Tag wohlgemerkt. Ja, du hast richtig gelesen: pro Tag.

Natürlich musst du all das nicht glauben. Prüfe einfach die folgenden Fakten. Solltest du es dann immer noch nicht glauben, klicke einfach weiter wie gehabt, denn dann ist dir womöglich nicht zu helfen. Dir tut das nicht weh, schließlich ändert sich hierdurch an deinem Leben ja nichts. Und die anderen auf der anderen Seite des Internets macht es weiterhin reicher – Klick für Klick für Klick für Klick ...

Die neue, noch überwiegend geheime Weltwährung

Was, glaubst du, ist die neue Weltwährung? Dollars, Euro, Renminbi, Yen, Rubel, DM, Gold, Erdöl, Erdgas, Beton, Immobilien, Grundstücke ...? Weit gefehlt – die neue Weltwährung heißt „Klick" bzw. im Plural „Klicks". Diese Währung hat in jedem Land dieser Welt (Internet vorausgesetzt) eine immense Kaufkraft und sie lässt sich prinzipiell problemlos in jede beliebige gängige Währung wie Euro oder Dollar, wahlweise auch in Gold, Erdöl, Erdgas, Beton, Immobilien, Grundstücke, Diamanten, Kamele, Luxusautos usw. umtauschen. Die noch etwas jüngere, aber rasant wachsende Nebenwährung heißt „Views".

Du verstehst nur Bahnhof? Das wird sich bald ändern, versprochen.

Vorsicht, gefährlich!

Zwei Arten von Gefahren lauern auf dich, um womöglich erbarmungslos zuzuschlagen. Die eine **Gefahr** geht von **dir selbst** aus. Diese Gefahr besteht darin, dass du vorzeitig aus dieser Publikation aussteigen könntest, bevor du die Essenz, bevor du das Wesentliche erfasst hast. Du riskierst damit, dass du vom Fleck weg auf monatlich wachsende, womöglich lebenslang anhaltende Einnahmen verzichtest und dich hierdurch um Tausende, vielleicht sogar um Millionen Euro und um dein damit einhergehendes, erfüllendes Leben bringst.

Die Lösung zur Ausschaltung dieser Gefahr besteht darin, dass du dir fest vornimmst, am besten jetzt gleich, diese Publikation so oft durchzuarbeiten, bis du sie sinngemäß jedem, der dich danach fragt, erklären kannst. Selbst dann, wenn du mitten in der Nacht im Tiefschlaf aus deinem Bett geschmissen wirst.

Ein kleines Gedankenspiel: Angenommen, du bekämst 100 Euro. Wie oft wärst du hierfür bereit, dich durch diese Publikation zu arbeiten? Wie lange und wie hart musst du im Moment für 100 Euro netto auf deinem Konto arbeiten?

Wie oft wärst du für 1.000 Euro bereit, diese Publikation zu lesen? Mach dir klar, dass es hier um weit, weit mehr als 1.000 Euro gehen wird, auch wenn du im Moment vielleicht noch nicht erfassen kannst, wie das überhaupt gehen soll. Spätestens nach dem mehrmaligen Durcharbeiten wirst du die Dollarzeichen nicht mehr vor deinem geistigen Auge wegwischen können, selbst wenn du es wolltest.

Sollte dir das Durchhalten dennoch phasenweise schwerfallen, kannst du folgendes Gedankenspiel zwecks Motivation durchspielen. Die typische Ausbildungsdauer für viele Berufe, in denen man dann ein Leben lang irgendetwas zwischen 2.000 und 5.000 Euro verdient, beträgt drei Jahre, bei einem Studium noch länger. Dieser monatliche Geldfluss endet jedoch leider in dem Moment, in dem du aufhörst zu arbeiten, von einer schmalen Rente bei einem ausreichenden Maß an Berufsjahren abgesehen.

Bei der im Folgenden dargestellten Einnahmemöglichkeit bekommst du sozusagen eine direkt beginnende, kontinuierlich wachsende Sofortrente, die du sogar vollumfänglich vererben kannst, wenn du das möchtest.

Habe ich nicht von zwei Gefahren gesprochen? Richtig. Die zweite Gefahr geht nämlich von den sogenannten **„Dreamstealern"** (Traumdiebe bzw. Traumzerstörer) aus. Das sind Menschen, die wissen, dass etwas nicht funktionieren kann oder sogar richtig gefährlich ist, ohne dass sie nähere Kenntnisse hierüber haben. Sie kennen jemanden, der jemanden kennt, der mit jemandem verwandt sein soll, dessen Nachbar ganz genau weiß, dass …

Besonders überzeugend und damit deine potenziellen neuen Goldadern zerstörend können diese Menschen auf dich wirken, wenn sie profunde Kenntnisse in dem Bereich zu haben scheinen, in dem du bald ausgiebige Geldquellen erschließen wirst.

Meine dringende Empfehlung an dich lautet: Inhaliere den Inhalt dieser Publikation so lange in eine jede deiner Körperzellen, bis du selbst nach deinem siebten Lieblingscocktail noch ausreichend in der Lage bist, die Inhalte sinngemäß wiederzugeben. Nur das, was in deinem Kopf fest verankert ist, kann wirken. Solange dein neues Wissen noch flüchtig ist, ist es noch nicht deins.

Diese Publikation hat dich, wenn du sie legal erworben hast, wenige Euro gekostet. Dieses Geld könntest du genauso gut aus dem Fenster werfen, solltest du zu früh die Flinte ins Korn oder dich von einem Dreamstealer aus der Bahn werfen lassen.

Wenn du dagegen am Ball, sprich: an der Computertastatur bleibst, ist ein monatlich wachsender Geldsegen unvermeidbar. Also **impfe dich gegen die zwei genannten Gefahren**, auch wenn dich diese Impfungen dein letztes derzeit vorhandenes Hemd kosten sollten. Vom neuen Geld kannst du dir dann, wenn du magst, gleich eine ganze Hemdenfabrik kaufen – du wirst es erleben.

Warum der Dieselmotor nicht funktioniert und die Hummel nicht fliegen kann

Was soll denn diese Kapitelüberschrift? Du wirst es gleich verstehen.

Weißt du, dass bis auf Rudolf Diesel selbst ALLE, ausnahmslos ALLE damals lebenden Ingenieure davon überzeugt waren, dass der **Diesel-Motor nicht funktionieren** kann? Ihre Berechnungen ergaben, dass kein damals bekanntes Material in der Lage wäre, dem erforderlichen Verdichtungsdruck standzuhalten. Zwei erfolgreiche Unternehmer waren es, die sich dem Expertenrat ihrer führenden Chefingenieure zum Trotz darauf einließen, Rudolf Diesel finanziell zu unterstützen. Beide Unternehmer verdienten hiernach viel Geld und Rudolf Diesel selbst war bald Multi-Millionär.

Was hat dieser Technologie-Schauplatz der Geschichte mit deiner zukünftigen Internet-Goldader gemeinsam? Vielleicht hast du es bereits erahnt: Die **Dreamstealer** wussten auch damals genau, dass es **nicht funktionieren kann**. Nebenbei gefragt: Wie standfest wärst du denn gewesen, wenn ALLE, ausnahmslos alle Ingenieure deine Erfindung angezweifelt hätten? Wie standhaft wirst du sein, wenn dein

Lebenspartner, deine Eltern, deine Freunde, dein … deine neue Goldader im Voraus zerstören möchten?

Noch ein weiteres Beispiel, um dich gegen Dreamstealer zu immunisieren: Ist dir bekannt, dass die Hummel auf Basis der bekannten Gesetze der Physik bis vor kurzem gar nicht fliegen konnte? Das interessierte sie jedoch nicht und sie flog einfach munter weiter.

Auf welche Experten möchtest du hören: Auf die, die wissen, dass es nicht funktionieren kann? Oder auf die, bei denen es bereits funktioniert? Sei dir gewiss: Meine Internet-Goldader sprudelt bereits seit Jahren rund um die Uhr. Wenn auch deine sprudeln wird, wird meine dadurch nicht dünner, also keine Angst. ;-)

Das kleine 1 x 1 des großen Geldverdienens im Internet

Jetzt heißt es, deine Ohren zu spitzen, schließlich geht es nun um das Geld, das bald bei dir durch alle Türen und Fenster strömen wird, wenn du das möchtest und wenn du zuvor ausreichend mental transpiriert hast.

Hast du schon einmal im Internet auf eine Werbung geklickt? Oder bist genau du derjenige, der das noch nie getan hat? Ich nehme mal an, du hast schon, oder? Hat dir das wehgetan? Wurdest du hierfür zur Kasse gebeten? Wahrscheinlich nicht, oder? Ist dir bewusst, dass durch diesen Klick von dir auf der anderen Seite im Internet bei jemandem die Kasse klingelte?

Falls dir das nicht bewusst war, fragst du dich vermutlich, wie das gehen soll, wo du selbst doch nichts bezahlt hast. Ganz einfach: Jemand anders hat dafür bezahlt, dass durch deinen Klick bei jemand anderem der Kontostand wächst. Kannst du mir noch folgen?

Ich will es möglichst einfach darstellen. Ein Werbetreibender, sagen wir ein großer Versandhändler (genauso gut könnte es aber auch ein

Privatverkäufer sein, der seine alte Schallplattensammlung auf diesem Weg verkaufen möchte oder sonst irgendeine Firma oder Person, die etwas anzubieten oder zu verkaufen hat) möchte in Suchmaschinen oder auf sonstigen Internetseiten Werbung schalten.

Dies tut er nun nicht direkt, sondern er bucht diese Werbung bei einem entsprechenden Spezialisten, sagen wir mal bei Google. Innerhalb von wenigen Minuten kann die so beauftragte Werbung bereits online sein, überall auf der Welt, wenn der Werbetreibende (kurz: W) das möchte und über ein entsprechendes Budget verfügt.

Anstelle von Google könnte hier auch Yahoo stehen, oder Contaxe oder AdKlick oder, oder, oder … Der einfacheren Veranschaulichung halber stelle ich es so dar, als würde jede Werbung in dieser Form immer über Google geschaltet werden. Wie bereits angedeutet könnte es aber genauso gut jedes beliebige andere Werbeportal sein. Die Abkürzung G (wie Google) steht ab sofort für ein beliebiges, großes Werbeportal.

Sobald nun irgendwo auf dieser Welt irgendein Mensch (theoretisch könnte es auch ein Tier oder sonst etwas sein) auf eine Werbung von W klickt, wird ein zuvor zwischen W und G vereinbarter Geldbetrag bei W abgebucht, den G vereinnahmt. Sofern der „Klicker" (K) auf eine Werbung direkt in den Suchergebnissen von Google geklickt hat, bleibt das Geld bei Google. Interessant wird es jedoch, wenn K auf eine Werbung von W klickt, die zwar von G geschaltet wird, jedoch NICHT auf einer Seite von G erscheint.

Lass mich hier die Vorannahmen etwas erweitern. Sagen wir W ist bereit, pro Klick 10 Cent (es könnten auch weniger oder mehr sein) zu bezahlen. Die hierfür gängige Bezeichnung für diese beispielhaften 10 Cent ist Cost-per-Click oder kurz CPC. „Kosten pro Click" heißt es aus naheliegenden Gründen deshalb, weil ein Klick auf die Werbung den Werbetreibenden eben diesen Betrag kostet.

Üblich ist nun, dass G als Dank dafür, dass er auf der Seite eines Websitebetreibers (WB) Werbung schalten darf, ungefähr zwei Drittel des CPC an WB weiterleitet. WB hat somit von den 10 Cent, die W für diesen Klick bezahlt, ungefähr 7 Cent verdient, die er von G erhält (die restlichen 3 Cent hat G verdient). WB freut sich über seine 7 Cent und W hat, dank des Klicks auf die Werbung, einen neuen Besucher auf seiner Website, der statistisch gesehen hoffentlich für mehr als die bezahlten 10 Cent etwas kauft, damit die Rechnung von W aufgeht. Somit sind alle Beteiligten zufrieden.

Hast du bereits erkannt, womit du zukünftig nun neue, ständig nachfließende Geldströme generieren kannst? Indem du zu einem WB wirst. Sollte dir das ein ungutes Gefühl machen oder sogar für aufgestellte Nackenhaare sorgen, lass dir versichern bzw. beweise es dir gleich selbst: In wenigen Tagen kann dein erstes Geld in deine Tasche fließen und in wenigen Wochen wirst du vielleicht schon so eine Art von tief aus deiner Seele kommendem Dauergrinsen nur noch chirurgisch aus deinem Gesicht entfernen lassen können.

Das bis hier Gesagte wirkt auf dich womöglich sehr viel komplizierter und verwirrender, als es ist. Sei beruhigt, in Kürze wird dir das alles so in Fleisch und Blut übergegangen sein, dass du dir kaum noch wirst vorstellen können, wie das früher einmal war.

Dringende Empfehlung: Veranschauliche dir die vorhergehenden Absätze mit ein paar einfachen Skizzen, in denen du dir insbesondere die Geldströme zu WB (die bald auf deinem Konto anlanden werden) veranschaulichst.

Wir rechnen dich reich

Damit es nun sehr anschaulich und besonders motivierend wird, möchte ich aus dem Nähkästchen plaudern. Es wird doch unter uns bleiben, oder?

Auf manchen meiner Internetseiten schalte ich Werbung, um damit Geld zu verdienen, wie z. B. auf http://www.intsel.de/Staerken-und-Schwaechen-Beispiele.php. Ich bin also ein WB und verdiene hierbei überwiegend auf CPC-Basis. Meine so erzielten Durchschnittswerte auf Basis der Kalenderjahre 2011 bis einschließlich 2013 waren wie folgt:

- Durchschnittlicher CPC 24 Cent (Wobei ich im ersten Monat mit nur 8 Cent gestartet bin und auch schon mal einen Monat mit 35 Cent CPC hatte, im Monatsdurchschnitt wohlgemerkt.)

- Durchschnittliche CTR (werde ich gleich erklären) 2,13 % (Gestartet bin ich hier mit 1,3 %, mein bisher bester Monat lieferte im Monatsdurchschnitt 3,74 %.)

Was bedeutet das jetzt? CPC ist dir ja bereits bekannt. Im Durchschnitt verdiene ich also an jedem Klick, den irgendein Mensch irgendwo auf diesem Planeten auf eine eingeblendete Werbung auf einer meiner

Websites tut (oder auch ein zufällig „richtig" auf die Tastatur gefallener Blumentopf oder was auch immer) 24 Cent. Das klingt erst mal nach nicht viel. Entscheidend ist jedoch weniger, wieviel Werbeeinnahmen ein Klick bringt. Viel entscheidender ist, wie viele Klicks man pro Zeiteinheit bekommt. Ein Klick mit 90 Cent pro Tag bringt logischerweise weniger als 20 Klicks zu 10 Cent pro Tag. Du kannst noch folgen? ;-)

Kann man damit reich werden? Logisch! Um dir das klarzumachen, genügt das kleine 1x1. Du willst 100 Euro zusätzlich verdienen pro Monat? Nehmen wir mal an, du bekämst pro Klick 10 Cent, hättest also einen CPC von 10 Cent. Also benötigst du 100 Euro : 10 Cent = 1.000 Klicks pro Monat.

400 Euro pro Monat wären dir lieber? Kein Problem, sorge für 4.000 Klicks pro Monat (400 Euro : 10 Cent = 4.000 Klicks pro Monat). Solltest du 1.000 Euro oder mehr pro Monat verdienen wollen, erspare ich mir (und dir) diese kleine Fingerübung. Denn solltest du diese einfache Rechnung nicht hinbekommen, wärst du vermutlich dafür noch nicht reif.

Damit du absolute Klarheit und den ultimativen Durchblick bekommst, mache diese kleine Rechnung jetzt gleich mit deinem gewünschten zukünftigen Monatsverdienst. Hast du es geschafft? Meinen Glückwunsch! ;-)

Woher aber, so fragst du dich nun vermutlich, sollen denn diese Klicks überhaupt kommen? Woher liegt auf der Hand: aus dem Internet. Die entscheidende Frage lautet: Wie? Die Kurzantwort: Indem du ebenso Websitebetreiber (WB) wirst. Das musst du natürlich nicht. Selbstverständlich steht es dir auch jetzt noch frei, auf diese sofort startende, monatlich wachsende „Rente" von mehreren hundert bis weit über tausend Euro zu verzichten.

Klicke einfach weiterhin andere reich, mit jedem einzelnen Klick auf eine Werbung, wenn du dein Konto mit diesem Geld nicht selbst füllen möchtest. Als Alibi dir gegenüber kannst du anführen, dass das ja alles viel zu schwer und vollkommen unkalkulierbar ist. Tue dich des gewichtigeren Alibis halber am besten noch mit weiteren Dreamstealern zusammen. Und dann diskutiert ihr z. B. darüber, dass Facebook als einer der größten WBs gar keine Millionen pro Tag mit Klicks der eigenen User auf Werbung verdienen kann, oder ihr erfindet andere contra-faktische aber überzeugend wirkende „Lügen", warum diese Art des Geldverdienens nicht funktionieren kann oder sogar Betrug darstellt.

Eine weitere gute Möglichkeit, dir Alibis gegen diese Art des Geldverdienens zu verschaffen, besteht darin, anderen Dreamstealern gut zuzuhören und deren Seemannsgarn gleich mitzuspinnen.

Es war doch schon immer so: Die einen wissen, dass es nicht gehen kann, und die anderen scheren sich nicht darum und machen es einfach, oder?

An diesen Klippen der Selbstzweifel und der Pseudo-Alibis wirst du nicht zerschellen? Gut, also sparen wir uns solche Ausflüge in mögliche Alibi-Multiversen.

Eine Erklärung bin ich dir noch schuldig, nämlich die Erklärung, was um Himmels Willen eine CTR ist. CTR steht im Neudeutschen für „Click-Through-Rate", bedeutet also ungefähr „Durchklickrate". Wie oben dargestellt klickten anfangs bei mir 1,3 % meiner Website-Besucher auf eine Werbung, derzeit sind es im Durchschnitt 2,13 %. Anders dargestellt: Einer von fünfzig Seitenbesuchern lässt meine Kasse klingeln. Klingt übel, oder? Ist es aber nicht. Es ist ganz einfache Finanzmathematik, die man teilweise schon in der fünften Klasse gelernt hat. Es kommt gleich eine kurze Auffrischung hierzu.

Um besser rechnen zu können und um dir eventuelle Anfangsenttäuschungen zu ersparen, möchte ich mit einer CTR von 1 % rechnen, also damit, dass nur einer von einhundert Seitenbesuchern auf eine Werbung klickt. Die Rechnung, um 100 Euro im Monat verdienen zu können, lautet somit: 100 Euro : 1 % CTR : 10 Cent = 100.000 Klicks pro Monat. Ein Wert, der einem Angst machen kann, oder? Wo verdammt noch mal solltest du 100.000 Klicks herbekommen? Die Antwort ist dir bereits bekannt: aus dem Internet. Dort gibt es Milliarden und Abermilliarden von Klicks zu ernten – wenn du es möchtest. Wenn nicht… (Du ahnst sicher, was ich jetzt hier schreiben könnte ;-))

Eine unbezahlbare Warnung

Dich brauche ich bezüglich dessen, was ich jetzt ausführen werde, sicherlich nicht zu warnen. Vielleicht liest du es dir der Vollständigkeit halber dennoch auf die Schnelle durch.

Manchen Menschen kommt blitzartig ein recht naheliegender Gedanke in den Sinn: Was wäre, wenn ich „zufällig" immer mal wieder auf eine Werbung, die auf einer meiner Websites erscheint, klicke? Die Antwort ist ganz einfach: Die großen Portale haben längst Mechanismen (genauer gesagt Algorithmen) installiert, die solche Klickbetrügereien ganz schnell aufspüren. Die Konsequenz ist oft, dass man bei einem solchen Werbeportal (G), nach allem, was man im Internet hierüber erfahren kann, lebenslänglich gesperrt wird. Dies ist vor allem dann unangenehm, wenn man schon viel Arbeit in die entsprechenden Seiten investiert hat. Zusätzlich kann es natürlich auch extrem teuer werden, wenn man bedenkt, dass lebenslängliche (und darüber hinaus) monatliche Zahlungszuflüsse dann mit Sofortwirkung versiegen werden.

Es wird gemunkelt, dass es früher in China ganze „Klickfarmen" gegeben hätte, wo Menschen nichts anderes getan haben, als den ganzen lieben langen Tag gezielt auf bestimmte Werbungen zu klicken, um so den WB reicher zu machen. Diese Zeiten sind inzwischen schon seit gefühlten Jahrhunderten vorbei.

Zwischenfazit

Du kennst nun den Weg, auf dem du prinzipiell fast beliebig reich werden kannst. Solltest du zwischenzeitlich ins Tal des Zögerns oder ins Tal der Dreamstealer rutschen, besuche zwecks Motivation immer wieder „große" Portale wie z. B. YouTube, Web.de, msn.de, große und kostenlose Dating-Portale usw.. Viele für den typischen Nutzer kostenlose, große Portale sind für den WB wahre Goldesel. Der Geldstrom berechnet sich auch hier ganz einfach nach der obigen (etwas umgestellten) Formel „Klicks pro Monat * CTR * CPC = Monatseinnahmen in Euro". Ein Beispiel in Zahlen: 100.000.000 Klicks (pro Monat) * 1 % CTR * 10 Cent CPC = 100.000 Euro Einnahmen pro Monat. Fein, nicht wahr?

Wie groß ist deine anfängliche Zielzahl? Wie viele hundert oder tausend Euro möchtest du im Monat verdienen? Wie viele Klicks benötigst du hierfür pro Monat bei einer CTR von 1 % und einem CPC von 10 Cent? Lass dir diese Zahlen am besten gleich fett auf die Stirn tätowieren, damit du sie nie wieder vergessen wirst. Hast du diese Zahlen dann erreicht, wird dir genug Geld zur Verfügung stehen, um diese Zahlen gegen neue, noch größere Zahlen austauschen zu können.

Auf der intellektuellen Ebene kennst du nun die Formel zum Gelddrucken. Jetzt stellt sich dir natürlich die nächste, naheliegende Frage: „Und wie mache ich das nun, konkret?" Geduld, Geduld, die Antworten werden kommen. :-)

Einige Anekdoten und Erfahrungen zur weiteren Motivation

Ungefähr im Jahr 2005 begann ich erstmals mit Google AdSense, einem Programm von Google, mit dem man Werbung von Werbetreibenden auf eigenen Sites schalten lassen und daran Geld verdienen kann, herumzuexperimentieren. In einer meiner Ausbildungsgruppen („Selbstbewusstseinstraining") erzählte ich von meinen ersten Erfahrungen. Einer dieser Teilnehmer, den ich hiermit auf Michael taufe, erzählte mir schließlich einige Monate später, wie ihn meine Erzählungen dazu inspiriert hätten, intensiv an seiner „Rente" zu arbeiten. Seine Idee war einfach, naheliegend und genial zugleich. Er begann nämlich, Seiten zum Zweck der Bestückung mit Werbung durch G anzulegen mit dem Ziel, die hieraus resultierenden Monatseinnahmen Monat für Monat zu steigern, indem er weitere entsprechende Seiten hinzufügte. Kommt dir diese Idee bekannt vor? Sicher. Jetzt weißt du auch, woher ich diese Idee habe.

Mein ursprüngliches Ziel war, ganz schnell ganz viel Geld über diese Art der Werbenutzung zu generieren. Nach kurzer Zeit war mir klar, dass das so kaum funktionieren kann. Beinahe hätte ich auf halbem Weg aufgehört. Einige tausend Euro hätten so niemals mein Konto beschwert, von den in den nächsten Jahren und Jahrzehnten noch kommenden Tausenden und Abertausenden von Euro ganz zu schweigen.

Plötzlich änderte sich meine Haltung sehr grundlegend. War der erste eingenommene Werbeeuro „nur" ein Euro wert, gewann er hierdurch plötzlich den Wert einer jahrzehntelangen monatlichen Rente. Auf fünfzig Jahre hochgerechnet (meine gefühlte Mindest-Rest-Lebenserwartung) war dieser eine Euro nun plötzlich 1 Euro * 12 Monate * 50 Jahre = 600 Euro wert – und ich kippte fast vom Stuhl, weil mir die Dimensionen, in denen ich mich hier zu bewegen begann, klarer und klarer wurden.

Mit „nur" 2.000 monatlichen Euro war ich gemäß dieser Rechnung bereits Millionär: 2.000 Euro * 12 Monate * 50 Jahre = 1.2 Millionen Euro (plus natürlich die Zinsen und Zinseszinsen)! Was für eine Ansage – der pure Wahnsinn. Da die Werbeausgaben vermutlich mindestens mit der Inflationsrate steigen werden, hat man hiermit sogar eine sofort mit der Auszahlung beginnende „Altersvorsorge", die garantiert inflationssicher ist bzw. die mit zunehmender Inflation einfach mitwächst. Wo gibt's denn sowas?

Eine ganz wesentliche und noch nicht explizit kommunizierte Vorannahme hierbei ist, dass man (fast) keine Zeit mehr investieren muss ab dem Monat, in dem beispielsweise die besagten 2.000 Euro Werbeeinnahmen erstmals fließen. Statistisch gesehen werden sie schließlich auch im Folgemonat, im Folge-Folgemonat usw. aufs eigene Konto wandern. Die entsprechenden Seiten stehen ja bereits im Internet, voraussichtlich bis in alle Ewigkeit. Zumindest, wenn man bis dahin die wenigen Euro an Gebühren bezahlt, die eine Internetpräsenz kostet.

Dies setzt natürlich voraus, dass die ins Internet gestellten Inhalte möglichst zeitlos sind oder gelegentlich wieder auf den aktuellen Stand der Zeit gebracht werden. Nichts ist im Internet schließlich unattraktiver als veraltete Seiten.

Mein oben angeführtes Beispiel, das ich hier übrigens noch weiter ausgebaut habe: http://www.staerken-schwaechen.eu/ fußt auf der Vorannahme, dass Menschen sich auch in einigen Jahren noch mit ihren Stärken und Schwächen auseinandersetzen werden. Gleichzeitig pflege ich eine Datenbank mit vielen tausend Berufen, so dass ich ständig, fast wie auf Knopfdruck, weitere Seiten erstellen kann wie z. B. www.staerken-schwaechen.eu/Staerken-und-Schwaechen-Beruf/Staerken-und-Schwaechen-Internet-Scout.php. In einem der folgenden Teile werde ich dir vermitteln, wie auch du hierzu in der Lage sein wirst.

Wie du vielleicht mitbekommen hast, bin ich im Hauptberuf Selbstbewusstseinstrainer. Bereits seit 2003 gewinne ich fast alle meine Teilnehmer und Klienten über das Internet. Als ich 2005 dann meine ersten Seiten mit Werbung bestückte, startete ich internetmäßig natürlich nicht bei null. Theoretisch hätte ich alle meine vorhandenen Internet-Seiten einfach zusätzlich mit Werbung ausstatten können. Das habe ich jedoch ganz bewusst nicht getan. Schließlich hatte ich ja bereits ein Produkt im Internet zum Verkauf, meine Seminare, Trainings und Coachings eben. Da nicht jeder auf Werbung mit einem lauten „Hurra!" reagiert und ich keinen Internet-Besucher auf meinen Seminarseiten durch den Klick auf eine Werbe-Schaltfläche verlieren wollte, beschloss ich, Werbung nur auf speziell hierzu erstellten Seiten zu schalten. Genauer gesagt, von G schalten zu lassen. In diesem Sinn startete ich, was die Werbeeinnahmen anbelangte, eben doch bei null.

Meine erste Monatseinnahme betrug – und jetzt halte dich gut fest – etwas mehr als satte vierzehn Euro. VIERZEHN Euro. Hochgerechnet auf fünfzig Jahre waren das bereits 8.400 €. Juchhu! Im Folgemonat verdiente ich bereits 10566 €, pardon, ich meinte natürlich 17,61 €. Dies war sage und schreibe eine Steigerung von fast 26 %, monatlich wohlgemerkt. Auf der Bank gab es zu diesem Zeitpunkt eine Guthaben-JAHRESverzinsung von gerade einmal einem Prozent. Die erste Million war greifbar nahe.

Im dritten Monat steigerte ich mich – sorry, verschlechterte ich mich – auf 8,79 €. Dies war ein Dezember, und meine ganze finanzielle Zukunft brach in sich zusammen wie ein Kartenhaus. Ich landete fast auf der Intensivstation. Nein, ganz so schlimm war es natürlich nicht.

Wie ich heute weiß, ist der Dezember, zumindest bei meinen Werbeeinahmen, immer der schlechteste Monat im Jahr. Dafür belohnte mich der Januar mit überraschenden 21,39 €, hochgerechnet mit „meiner" 50-Jahre-Rentenformel waren das stolze 12.834 €. Die Steigerung zum Vormonat mit 243 Prozent wäre einem (nach meinem Denkmodell) typischen Bankmitarbeiter vermutlich genauso glaubwürdig erschienen, als hätte ich herumposaunt, dass ich Weltmeister im Klavierweitwurf geworden bin.

Meine Zahlen konnte ich jedoch mittels Kontoauszug schwarz auf weiß belegen. Mein Werbepartner, der mir dieses Geld überwies und der deutlich erkennbar im entsprechenden Kontoauszug vermerkt war, war hierbei kein anderer als der vermutlich erfolgreichste Internet-Konzern aller Zeiten: Google höchstpersönlich. Zum Februar hin hatte ich erneut einen mehr als 100-prozentigen Zuwachs an Werbeeinahmen. Konkret generierte ich 48,57 Euro. Wer im erwerbsfähigen Alter kann faktisch bereits auf eine monatliche „Renteneinnahme" von 50 Euro zurück- und vorausblicken, womöglich für den Rest seines Lebens? Mein Grundstock jedenfalls war gelegt.

Du kennst nun meine konkreten Zahlen, die ich in den ersten fünf Monaten meiner entsprechenden (nebenberuflichen) Tätigkeit als WB tatsächlich eingenommen habe. Korrekt gesagt waren es fast sieben Monate, denn die erste Auszahlung erfolgt (bei Google) erst zum Ende des Folgemonats hin.

Wie ich gerade feststellen musste, hat mir meine Erinnerung soeben einen Streich gespielt. Die genannten Zahlen sind korrekt, jedoch erfolgte (bei Google) die Auszahlung damals erst zum Folgemonat des Monats, in dem umgerechnet mindestens 100 US-Dollar aufgelaufen waren. 111,14 Euro war meine faktisch erste Auszahlung, die ich sieben

Monate nach Beginn meiner Tätigkeit als WB von Google überwiesen bekam. Da ich von der Solvenz von Google überzeugt war, spielte es damals für mich keine Rolle, dass ich die ersten, ausgewiesenen Einnahmen zeitlich verzögert ausgezahlt bekam. Im Folgemonat erreichte ich die Auszahlungshürde erneut (und bis dato zum allerletzten Mal) nicht, seither fließt Monat für Monat frisches Geld aus Werbeeinnahmen auf mein Konto. Aktuell beträgt die Auszahlungshürde bei Google übrigens 70 Euro im Monat.

Interessiert es dich noch, nähere Details zu erfahren, wie du das genauso bewerkstelligen kannst? Ich denke doch, oder?

Zwischenbilanz

Damit dies nicht untergeht und du mir nicht vorwerfen kannst, ich hätte damit hinterm Berg gehalten und dich nicht deutlich genug gewarnt: Wenn du das vorherige Kapitel aufmerksam gelesen hast, weißt du, dass ich mein erstes Geld als WB aus Werbeeinnahmen sieben Monate nach Beginn dieser Tätigkeit erstmals auf dem Konto hatte. Sieben Monate dauern ungefähr 210 Tage. Das kann eine verdammt lange Zeit sein.

Bist du bereit dazu, sieben Monate (vielleicht sogar länger) sowie viele, viele Stunden in das Erlernen des „Baus" von Internetseiten und der konkreten Erstellung von entsprechenden Seiten zu investieren, ohne zuvor auch nur einen einzigen müden Euro hierfür gesehen zu haben? Wenn ja, dann bist du aus dem richtigen Holz geschnitzt. Willkommen im Club. ;-)

Die neue und größte Goldgräberepoche aller Zeiten hat begonnen

Darf ich dir noch einen Nachschlag zwecks Motivation reichen? Dies ist keine wissenschaftliche Abhandlung. Ich kann, will und werde meine nun folgenden Ausführungen nicht begründen, bin jedoch zutiefst davon überzeugt, dass die kommenden Jahre sozusagen die faktischsten Beweise überhaupt liefern werden, die man sich nur vorstellen kann.

Die altbekannte Goldgräberzeit im 18. und 19. Jahrhundert war eine Zeit harter Arbeit, zahlloser Entbehrungen und vieler, gescheiterter Existenzen. Relativ wenige haben es damals geschafft, wirklich reich zu werden. Dieser Reichtum winkte jedoch, wenn überhaupt, erst nach vielen, vielen entbehrungsreichen Jahren. Nicht selten musste aller vorhandene Besitz verkauft werden, um die Werkzeuge, Vorrichtungen und Genehmigungen bezahlen zu können, damit der eigene Claim abgesteckt werden konnte. Jetzt begann die wahre, im mehrfachen Wortsinn, Drecksarbeit, die außerdem noch in höchstem Maß gesundheitsschädlich war durch viele damals teilweise übliche und ohne Schutzmaßnahmen eingesetzten Hilfsstoffe wie Quecksilber, das ja bekanntermaßen hochgiftig ist.

Das vorherige Heim wurde für die folgenden Jahre gegen ein Zelt oder eine extrem spärlich eingerichtete Blockhütte im Nirgendwo eingetauscht, manchmal sogar für den Rest des Lebens. Kaum einer hatte von Anfang an die Kompetenzen, die man als Goldgräber brauchte. Es galt also, egal aus welchem „Stall" man kam, erneut bei null anzufangen: als frisch gebackener Goldgräber nämlich. Ob man zuvor Banker war, Kutscher oder Sherriff, interessierte hierbei niemanden und brachte auch keinen Bonus.

Wer anschließend viele Jahre hart gearbeitet und das erforderliche Quäntchen Glück mit im Tornister hatte, konnte sich einige Jahre später zur Ruhe setzen und seinen Lebensabend genießen, vorausgesetzt, dass ihn die Folgen der üblichen Arbeitsumstände mitsamt den Folgen der gerne genossenen Alkoholika nicht zu einem körperlichen Wrack gemacht hatten.

Die derzeitige Goldgräberzeit, die vor wenigen Jahren begonnen hat und die sich noch in einem kontinuierlich zunehmenden, sich schnell beschleunigenden Wachstumstrend befindet, sieht da ganz anders aus. Mit weniger als 5 Euro im Monat, einem Computer mit Internetzugang und idealerweise einer Flatrate kannst du deinen „Claim" sozusagen Wort für Wort „abstecken" und erweitern. Bequem von zu Hause aus, egal wo auf diesem Erdball dein Zuhause ist. Ob du dein „Gold" in Grönland generierst, auf hoher See, in den Bergen oder sonnig-warm am Strand liegend, spielt hierbei keine Rolle. Auch dein entsprechend ausgestatteter Campingbus oder deine Segeljacht können der Mittelpunkt zur nachhaltigen Ausbeutung deines Claims sein.

Anstatt einer Spitzhacke, einer Schaufel und viel Spucke brauchst du vor allem eine Computertastatur, in deren Tasten es für dich nun ordentlich zu hauen gilt. Gesundheitsgefahren drohen höchstens dann, wenn du voller Begeisterung so unter Strom stehst, dass du am liebsten mehrere Nächte hintereinander selbige mit reichlich Kaffee zum Tage machen möchtest, bis du ermüdet zusammensackst und dir womöglich den Kopf ernsthaft auf der „Enter-Taste" aufschlägst. Doch selbst dieses

Extrem ist sicherlich bestenfalls der „kleine Bruder" zu den üblichen Katastrophen in der damaligen Goldgräberzeit, oder wie siehst du das?

Der Claim von damals ist die Internetseite von heute, anstelle einer fetten Goldader spucken heute die Klicks reichlicher Website-Besucher fette Dollarströme direkt und gefahrlos aufs eigene Konto. Du kannst dabei sogar auf der warmen Couch sitzen bleiben. Das Glück von damals lässt sich heute durch leicht zu entwickelnde Ideen so perfekt ersetzen, dass die aktuelle Goldgräberzeit sehr gut kalkulierbar und planbar wird.

Längst haben die (noch relativ wenigen) Insider neue Fachbegriffe entwickelt, um Außenstehende zu beeindrucken und fernzuhalten. So ist von Crowdsourcing die Rede, von RPM, Keywords, SEO, Conversions uvm.. Besonders wichtig für deinen bald beginnenden Geldstrom wird, neben dem dir bereits bekannten Begriff des „Klicks", der des „SEO" werden. SEO steht für Search Engine Optimization, zu Deutsch Suchmaschinenoptimierung. Keine Angst, das hat mit kalten Maschinen gar nichts zu tun und es ist sehr viel einfacher, als es vielleicht klingt.

Jetzt wird's ernst

Du bist immer noch voller Elan dabei? Hervorragend. Leider kommt hier ein Scheidepunkt, den du gegebenenfalls als Alibi zum Aussteigen missbrauchen kannst, wenn du das möchtest. Bekanntlich gibt es ohne Fleiß keinen Preis. Fürs Internet nutzt Fleiß alleine jedoch recht wenig, wenn man keine entsprechenden Internet-Kenntnisse und Erfolg versprechende Strategien hat. Natürlich weiß ich nicht, ob du Bill Gates Geschwister bist oder bisher eher als Metzger, Erzieherin, Fernfahrer, Krankenschwester oder Arzt gearbeitet hast.

Ich kann dich das, was ich gerade andeute, auch klar und direkt fragen: Wie ist es im Moment um deine Internet-Kenntnisse hinsichtlich html und php bestellt? Es schnürt dir die Kehle zu, weil du wenig oder gar nichts damit anfangen kannst? Keine Angst, dann schlägt der in Kürze erhältliche Teil 2 zu dieser Publikation deine Brücke zu deinen kontinuierlich fließenden Internet-Goldadern.

Verpfände zur Not dein letztes Hemd, pumpe deine Mutter oder deinen Großonkel an, verzichte aufs Rauchen oder unterlasse etwas anderes Kostspieliges, um dir Teil 2 dieses Strategie-Leidfadens leisten zu können. Solltest du zu den ersten 20 Lesern gehören, die mich per

Email vor dem Erscheinungstermin anschreiben, erhältst du zur E-Book-Ausgabe von Teil 2 einen kostenlosen Zugang direkt nach dem Erscheinen. Ob du noch dabei bist, erfährst du, indem du mich am besten sofort anmailst.

Wie hat dir diese Publikation gefallen?

Ich freue mich über deine Meinung und über eventuelle Anregungen! Schreibe mir an info2014@intsel.de mit dem Betreff: „Gutes Geld verdienen mit deiner Internet-Goldmine".

Falls du weitere Fragen hast, etwas unklar geblieben sein sollte oder du mir von deinen eigenen Erfahrungen berichten möchtest freue ich mich ebenfalls über deine E-Mail an info2014@intsel.de mit dem Betreff: „Gutes Geld verdienen mit deiner Internet-Goldmine".

Insbesondere würde ich mich über eine Rezension freuen bei dem Portal, über das du diese Publikation erworben hast. So gibst du auch anderen Kaufinteressenten eine wichtige Orientierungshilfe, und zwar aus erster Hand. Vielleicht hast du dich selbst schon an den Rezensionen anderer Leser orientiert und kennst von daher diesen Wert aus eigenem Erleben.

Disclaimer

Dieses Werk versteht sich als Darstellung von für den Autor und für viele andere Menschen und Firmen funktionierenden Strategien, um über das Internet rund um die Uhr Geld verdienen zu können. Dennoch kann für einen wirtschaftlichen oder sonstigen Erfolg keine Garantie übernommen werden.

Alle gemachten bzw. dargestellten Äußerungen, Fakten und Vorgehensweisen verstehen sich als persönliche Meinung des Autors, die im Zweifel vor jeder Anwendung bzw. Umsetzung vom Anwender dieser Publikation sorgfältig geprüft und verantwortungsbewusst umgesetzt werden sollten. Eine Haftung ist ausgeschlossen.

Selbstverständlich kann der Autor nicht vorhersehen, inwieweit es Veränderungen dergestalt geben sollte, dass die aufgezeigten Strategien nicht mehr funktionieren können. Für solche Veränderungen kann der Autor ebenfalls nicht verantwortlich gemacht werden. Unabhängig davon ist er davon überzeugt, dass die dargestellten Strategien weitestgehend technologieunabhängig bzw. technologieübergreifend auch zu späteren Zeitpunkten sinngemäß wie hier dargestellt finanzielle Einkünfte werden bewirken können.

Impressum

Gutes Geld verdienen mit deiner Internet-Goldmine

Reales Beispiel zeigt, wie Durchstarten ohne Vorwissen geht

Autor: Matthias Schwehm
Thannhausen 124
D-91738 Pfofeld
Tel. +49(0)9834974828
info2014@intsel.de
www.intsel.de

ISBN-13: 978-1497450400
ISBN-10: 1497450403

Hat dir das E-Book gefallen, so empfehle bitte deinen Freunden den Download eines persönlichen Exemplars. Ein großes Dankeschön, dass du die Arbeit des Autors respektierst!

Über den Autor

Matthias Schwehm, geboren 1968 in Deutschland, studierte Informatik und Psychologie, arbeitete 5 Jahre lang selbstständig und konzernungebunden im Verkaufsaußendienst als Finanzdienstleister, gründete ein Fuhr- und Abbruchunternehmen, bevor er sich schließlich im Januar 1997 als Persönlichkeitstrainer mit der Spezialisierung „**Selbstbewusstseinstraining**" und „**Selbstverwirklichungstraining**" dauerhaft festlegte.

Nebenberuflich war er über zehn Jahre als Rettungssanitäter im Rettungsdienst tätig, leitete Erste Hilfe Kurse, eine Jugendgruppe und bildete auf Bundesebene Jugendleiter aus.

Durch den kontinuierlichen Ausbau seiner Internetpräsenzen z. B. unter **www.intsel.de** und durch die Erstellung vieler unterschiedlicher Teilnehmerunterlagen für die von ihm angebotenen Trainings, Ausbildungen und Seminare entdeckte er seine Leidenschaft zum Schreiben.

Persönliches

Bereits mit **15 Jahren** begann Matthias Schwehm sich auf die Suche nach wirkungsvollen, das Selbstbewusstsein stärkende Techniken und Methoden zu machen, denn er erlebte sich selbst als **unsicher und extrem gebremst**. Zunächst griff er hierzu primär auf Bücher zurück, später auf Hörbücher und Persönlichkeitstrainings.

Mit **18 Jahren** begann ihn die Idee zu faszinieren, durch das Verkaufen im Außendienst und dem damit verbundenen „Zwang", immer wieder mit fremden Menschen in Kontakt zu kommen, quasi garantiert selbstbewusster zu werden. Sein großes Ziel hierbei war, so selbstbewusst zu werden, um von der persönlichen Kaltakquise an der Haustür („Klinkenputzen") leben zu können. Hierzu belegte er viele Verkaufs- und Motivationstrainings und nahm bei einigen Stars der Kaltakquise Maß.

Nachdem er auch dieses Ziel erreicht hatte beschloss er, nie wieder aktiv verkaufen zu wollen. Er spürte, dass ihn der Außendienst-Verkauf zu viel Energie kostete und nicht mehr seiner Berufung entsprach. Seither gibt er wesentliche Teile seiner Erfahrungen in der Form von Selbstbewusstseinstrainings in Kleingruppen, Selbstbewusstseins-Coachings für Einzelpersonen sowie als Hörbücher, E-Books und Print-

Books an diesbezüglich interessierte und motivierte Menschen weiter. Inzwischen sind auch **Videos** von ihm zum Thema **Selbstbewusstsein-stärken** auf YouTube zu sehen.

www.ingramcontent.com/pod-product-compliance
Lightning Source LLC
Chambersburg PA
CBHW070716180526
45167CB00004B/1503